JN228366

食通が足しげく通う店

PAROLEのおかず帖

パロル店主

桜井莞子

はじめに

私にとっておいしい料理とは、おひたしや焼き魚といった季節を感じるシンプルな料理です。

もちろん、手間をかけて煮込んだりする料理もおいしいと思いますが、歳を重ねるうちに変わってきました。

おひたしは季節ごとに出回る旬の野菜を使い、香りや歯ざわりなど、素材の持ち味を生かすことを意識して、ゆで方や切り方を変えて、味の違いを楽しみます。春ならふきや菜の花、夏はオクラやモロヘイヤ……と、おひたしひとつとっても、奥が深いと思います。

私は食べることが大好きなので、どうやったらおいしくなるかをいつも考えています。そしておいしくできると、それが喜びになり、やる気が湧いてきます。そうやって、これまでずっとパロルを続けてこられたのだと思います。

食べることはエネルギーの源です。料理を作ることを面倒と思って、でき合いのものを買っていたら、上達はしないでしょう。まずは、五感を働かせて料理を作ってみてください。そして、おいしいものを食べてエネルギーを養ってください。

目次

ご飯と汁とご飯の供

味噌汁

漬けもの

コラム

この本のルール

・小さじ1は5㎖、大さじ1は15㎖、1カップは200㎖です。
・加熱調理の火加減はガスコンロ使用を基準にし、特に表記がない場合は中火にしています。ＩＨ調理器具などの場合は、調理器具の表示を参考にしてください。
・塩は天然の塩、オリーブ油はエキストラバージンオイルを使っています。
・しょうが1かけは15gです。
・こしょうは粗挽き黒こしょうを使っています。
・材料やレシピ中の「油」はサラダ油や紅花油などクセのない油をさしています。好みの油を使ってください。
・野菜は、特に表記してない場合は、皮をむいたり筋を取ったりしています。
・だし汁は、削りがつおと昆布でとった一番だしを使っています。
・常備菜や保存食を保存する容器は、よく洗って完全に乾かし、清潔にしてから使ってください。

つき出しのスープ

パロルでお客様に最初にお出しするのがスープです。たくさんの量ではお腹がいっぱいになってしまうので、ぐいのみサイズの小さな器に2〜3口で飲みきれるだけ。スープのベースは昆布とかつお節でとっただし汁で、それに「白だし」*を合わせて使っています。白だしは料亭でも使われている調味料で、家庭でも取り入れるとプロの味に近づけます。商品によって塩味や旨味の具合が違うので、お好みのものを見つけるとよいと思います。

具は旬のものなど季節によってさまざまですが、お酒を飲まれるお客様が多いので、空腹の胃にやさしく、疲れた体にすっとしみ入るようなものを考えて作っています。この本でご紹介するもの以外にも、あおさのり、もずく、めかぶ、板わかめなどの海藻類もよく使います。

スープを飲まれたお客様が「ホッとするね〜」と話している声が聞こえてくると、こちらの思いが通じたようで、うれしくなります。

*124ページ参照

だしのこと

仕込みで最初にするのはだしをとること。つき出しのスープはもちろん、煮ものやあえものなど、パロルの料理に欠かせないものです。

大きめのだし昆布を2枚、水に入れておきます。長くつけるとぬめりが出るので、私は長くてもつけるのは2〜3時間くらい。火にかけて昆布から小さい泡が出てきたら昆布を引き上げ、火を強くして削りがつおをガバッと入れて火を止め、あとは沈むのを待ってこします。日をおくと旨味が抜けるので、パロルでは作りおきはしません。その都度とるのが理想ですが、家庭では多めにとって、2〜3日で使い切るようにしましょう。

一番だしをとったあとの昆布に煮干しを加え、追いがつおをして二番だしをとり、お味噌汁に使います。使った昆布は、実ざんしょうを入れてつくだ煮*を作り、無駄にせずに使い切ります。

＊昆布のつくだ煮の作り方117ページ

だしのとり方

材料　約5カップ弱分

だし昆布（30㎝長さ）……2枚（30g）

削りがつお……20g

水……5カップ

作り方

1 鍋に分量の水と昆布を入れて2〜3時間おき、中火にかける。

2 昆布から泡がプツプツと出てきたら、沸騰する直前に昆布を取り出す。

3 削りがつおを加えて火を強め、ひと煮立ちしたら火を止め、自然に沈むのを待つ。

4 ざるでこし、そのまま冷ます。

＊保存容器に入れ、冷蔵室で約3日間保存可能。

レタスのシャキシャキした食感が心地よく、新しょうがのやさしい風味が胃にしみる。

ちぎりレタスと新しょうがのスープ

材料　4人分

レタス……………2枚
新しょうがの薄切り…　4枚
スープ
だし汁……………2½カップ
白だし……………大さじ2
酒…………………大さじ1½

作り方

1 レタスは食べやすい大きさにちぎる。新しょうがはごく細いせん切りにする。
2 鍋にスープの材料を入れて火にかけ、レタスとしょうがを加えてさっと煮る。

お客様のリクエストで作ったら好評に。1切れでも贅沢な味わい。

だし巻き卵入りスープ

材料　4人分

だし巻き卵

卵……………………2個

だし汁………………小さじ2

白だし………………小さじ1

スープ

だし汁………………2½カップ

白だし………………大さじ2

酒……………………大さじ1½

あさつきの小口切り…少々

油……………………小さじ½

作り方

1 だし巻き卵を作る。ボウルに卵を溶いて、だし汁、白だしを加えて混ぜる。卵焼き器を中火にかけ、ペーパータオルで油をなじませ、卵液を流し入れ、半熟状になったら手前から奥にくるくると巻く。取り出して4等分に切る。

2 鍋にスープの材料を入れて火にかける。器にだし巻き卵を1切れずつ入れてスープを注ぎ、あさつきを散らす。

天茶をイメージして小さなかき揚げを入れました。桜えびの香りもごちそう。

桜えびと長ねぎのかき揚げスープ

材料　4人分

桜えび……4g
長ねぎ……1/5本
衣
　溶き卵……1/3個分
　小麦粉……大さじ3
　水……大さじ2
スープ
　だし汁……2 1/2カップ
　白だし……大さじ2
　酒……大さじ1 1/2
三つ葉……少々
揚げ油……適量

作り方

1 長ねぎは小口切りにする。ボウルに溶き卵を入れ、小麦粉と水を加えて混ぜて衣を作り、長ねぎと桜えびを加えて混ぜる。

2 揚げ油を高温（180℃）に熱し、**1**を1/4量ずつつまとめて入れ、カラリと揚げる。

3 鍋にスープの材料を入れて火にかける。器に**2**を1つずつ入れてスープを注ぎ、三つ葉を飾る。

乾燥ゆばでもOK。長ねぎの香りがアクセント。

ゆばのスープ

材料　4人分

生ゆば……………10g
長ねぎの小口切り……………少々

スープ
だし汁……………2½カップ
白だし……………大さじ2
酒……………大さじ1½

作り方

1 鍋にスープの材料を入れて火にかけ、ゆばを入れてさっと煮る。

2 器に盛り、長ねぎを散らす。

牡蠣はさっと煮て、旨味を出します。
こしょうをきかせるのがおいしい。

牡蠣とセロリのスープ

材料　4人分

生牡蠣（加熱用）……………4個
セロリ……………⅓本

スープ
だし汁……………2½カップ
白だし……………大さじ2
酒……………大さじ1½

塩……………少々
こしょう……………少々

作り方

1 牡蠣は塩水で洗い、ざるに上げて水けをきる。セロリは4㎝長さの薄い短冊切りにする。

2 鍋にスープの材料を入れて火にかけ、牡蠣とセロリを加えてさっと煮る。器に盛り、こしょうをふる。

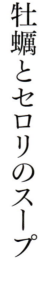

パロルのおばんざい

パロルのメニューのはじめにあるのが「本日のおばんざい」です。ポテトサラダやきんぴら、おひたしや煮ものなど、なじみのあるおかずを毎日6品ほど用意しています。旬の素材を取り入れながら、調理法や味つけのバランスを考えて組み立てます。常連のお客様も多いので、同じメニューが続かないように、過去のメニューを眺めながらあれこれ考えるのも、私にとっては楽しい時間です。

私自身、食べることが大好きで、お酒もたしなむので、だしを生かしたほっとする味つけのものや、実ざんしょうや柚子こしょうのような、香りのよいものを取り入れた、日本酒にもワインにも合う料理が多いと思います。

定番のおばんざいながら、味は定番にあらず。パロルならではの料理をお楽しみください。

ポテトサラダ

じゃがいもは、蒸し器で丸ごと蒸しています。切ってゆでるより時間はかかるけれど、水っぽくならず、ほっくりとしておいしいのです。ただ例外もあって、豆入りポテトサラダのじゃがいもは、コロコロに切ってからゆでます。そのほうが同じ大きさに切った野菜となじみがよく、食べたときのバランスがいいんです。じゃがいもの潰し加減も、粗めに潰したり、マッシュぎみにしたり、合わせる具材や味つけによって微妙に変えています。

大切なのは、じゃがいもが熱いうちに味をつけること。冷めてしまうと味がなじみません。ソテーした鶏肉をのせたり、ゆでた牛すね肉を混ぜたり、メインのおかずになるようなポテトサラダもお客様に好評です。

大人のポテトサラダ

たっぷりのクリームチーズに柚子こしょうをきかせて大人味に。

材料　4人分

じゃがいも……4個（500g）
あさつき……5本
クリームチーズ……100g

A
マヨネーズ……大さじ3½
白だし……大さじ1
柚子こしょう……小さじ½

作り方

1 クリームチーズは室温にもどす。
2 じゃがいもは皮つきのまま、蒸気の上がった蒸し器に入れ、竹串がスーッと通るまで20～25分蒸す。
3 皮をむいてボウルに入れ、ゴムべらで少しかたまりが残るくらいまで潰す。じゃがいもが熱いうちに**A**の材料を加えてよく混ぜる。
4 あさつきは小口切りにし、飾り分を残して**3**に加えて混ぜる。器に盛り、残りのあさつきをのせる。

このポテサラはマッシュポテトに近い感じまで潰す。

じゃがいもは丸ごと蒸し器で蒸すと水っぽくならない。

マヨネーズ+ドレッシングで豆と野菜の一体感を出す。

豆入りポテトサラダ

材料　4人分

じゃがいも……………4個（500g）
ミックスビーンズ（ひよこ豆、白いんげん豆、赤いんげん豆など）…200g
セロリ…………………1本
玉ねぎ…………………小1個
マヨネーズ……………大さじ1½
ドレッシング
油…………………大さじ3
酢…………………大さじ1½
しょうゆ…………小さじ1½
塩、こしょう………各少々
塩………………………少々

作り方

1 じゃがいもは皮をむいて1・5cm角に切り、水にさっとさらす。熱湯でやわらかくなるまでゆで、ざるに上げる。

2 セロリ、玉ねぎは粗みじん切りにし、塩をふって軽くもみ、水けをきる。

3 ボウルにマヨネーズとドレッシングの材料を入れて混ぜ、**1**、**2**、ミックスビーンズを加えてあえる。器に盛り、好みでチャイブをのせる。

サワークリームとケッパーのほどよい酸味がアクセント。

スモークサーモンのポテトサラダ

材料　4人分

スモークサーモン……6枚
じゃがいも……4個（500g）
玉ねぎ……小1個
ケッパー……大さじ2
サワークリーム……大さじ4強
ドレッシング
　油……大さじ3
　酢……大さじ1½
　しょうゆ……小さじ1½
　塩、こしょう……各少々
塩……少々

作り方

1 じゃがいもは皮つきのまま、蒸し器で蒸す（18ページ参照）。皮をむいて粗く潰し、熱いうちにドレッシングの材料を加えて混ぜる。
2 玉ねぎは薄切りにし、塩水にさらし、水けをきる。
3 **1**に、**2**、ケッパー、サワークリームを飾り分各少々を残して加え、混ぜ合わせる。
4 器に盛り、スモークサーモンを長さを半分に切ってのせる。残りの玉ねぎ、ケッパー、サワークリームをのせ、好みでディルを飾る。

和風味の鶏肉をダイナミックにのせた、主菜になるポテサラです。

鶏肉と実ざんしょうのポテトサラダ

材料　4人分

鶏もも肉……1枚(250g)
じゃがいも……4個(500g)
長ねぎ……½本
実ざんしょうの水煮……大さじ2
酒……¼カップ
しょうゆ……大さじ1½
ドレッシング
油……大さじ3
酢……大さじ1½
しょうゆ……小さじ1½
塩、こしょう……各少々
油……大さじ1

作り方

1 じゃがいもは皮つきのまま、蒸し器で蒸す（18ページ参照）。

2 鶏肉は皮目をフォークで刺す。長ねぎは縦半分にして2㎝長さに切る。

3 フライパンに油を熱し、鶏肉を皮目を下にして入れ、弱めの中火で焼き目がつくまで焼く。裏返して強火にし、酒を加えてアルコール分をとばし、しょうゆ、実ざんしょうを加える。煮立ったら長ねぎを加え、ふたをして弱火にし、汁けがなくなるまで蒸し焼きにする。

4 鶏肉を取り出し、そぎ切りにする。

5 **1**のじゃがいもの皮をむいてボウルに入れ、粗く潰す。ドレッシングの材料を加えて混ぜ、**3**の長ねぎと実ざんしょうを加えて混ぜる。器に盛り、**4**をのせる。

しょうゆと実ざんしょうで味つけし、長ねぎとともに蒸し焼きにする。

実ざんしょうの水煮
さんしょうの未熟な青い実を水煮にしたもの。さわやかな香りとピリッとした辛みが特徴。

ゆでた牛すね肉は作りおきしておくと、応用がきいて便利です。

牛すね肉のポテトサラダ

材料　4人分

ゆでた牛すね肉（64ページ参照）……300g
じゃがいも……4個(500g)
玉ねぎ……小1個
ドレッシング
油……大さじ3
酢……大さじ1½
しょうゆ……小さじ1½
塩、こしょう……各少々

作り方

1 じゃがいもは皮つきのまま、蒸し器で蒸す(18ページ参照)。皮をむいてボウルに入れ、粗く潰す。

2 玉ねぎは縦半分に切り、縦薄切りにする。水にさらして、水けをきる。ゆでた牛すね肉は薄く切る。

3 別のボウルにドレッシングの材料を混ぜ合わせ、**1**、**2**を加えてあえる。器に盛り、好みでチャービルを飾る。

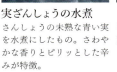

きんぴら

きんぴらといえば、やはりごぼうははずせません。ごぼうはささがきにするのが一般的ですが、パロルのきんぴらは、ごく細いせん切りにします。これを食べると、同じ料理も切り方ひとつで味わいが変わることを実感できます。私は甘い味つけのにんじんが苦手なので、にんじんは入れずに甘さを控えめにして、とうがらしの辛みをきかせます。

きのこをきんぴらにするときは水分が出るので、強火で水分をとばすように炒めます。春にはうど、夏にはなすやゴーヤーのきんぴらもメニューに登場します。野菜だけでなく、しらたきやこんにゃくでもよく作ります。

ごく細いせん切りの食感がごちそう。よく切れる包丁を使うのがコツ。

きんぴらごぼう

材料　4人分

- ごぼう……小1本(150g)
- 赤とうがらしの小口切り……½本分
- 酒……大さじ2
- 砂糖……大さじ1
- しょうゆ……大さじ1
- 太白ごま油……小さじ2
- 白いりごま……大さじ1弱
- 酢……少々

作り方

1 ごぼうは包丁の背で皮をこそげ、5〜6㎝長さのごく細いせん切りにする。酢水にさらし、ざるに上げて、水けをきる。

2 フライパンに太白ごま油を熱して赤とうがらしを炒め、香りが立ったらごぼうを加えて炒める。全体に火が通ったら酒を加え、強火であおってアルコール分をとばす。

3 砂糖、しょうゆを加え、さらに炒める。

4 器に盛り、白いりごまをふる。

薄切りにしてから、数枚ずつ重ねてできるだけ細く切る。

酢水にさらしてアクを除く。

酒を加えたら強火であおる。

いんげんとしょうがのきんぴら

砂糖や赤とうがらしは入れず、しょうがの味で食べるきんぴらです。

材料 4人分

さやいんげん……………150g
しょうが……………3かけ
酒……………大さじ4
白だし……………大さじ2
太白ごま油……………大さじ1½
白いりごま……………大さじ1弱

作り方

1 いんげんはヘタを除き、斜め5㎜幅に切る。しょうがはごく細いせん切りにする。

2 フライパンに太白ごま油を熱してしょうがを炒め、香りが立ったらいんげんを加えてさらに炒める。酒を加え、強火であおってアルコール分をとばし、白だしを加えて水けがなくなるまで炒める。

3 器に盛り、白いりごまをふる。

エリンギとまいたけのきんぴら

きのこから水分がたくさん出るので、強火で一気に炒めて。

材料 4人分

エリンギ……………2本
まいたけ……………1パック(100g)
赤とうがらしの小口切り……………½本分
酒……………大さじ2
砂糖……………小さじ½
白だし……………大さじ1½
太白ごま油……………大さじ1
白いりごま……………大さじ1弱

作り方

1 エリンギは長さを半分に切って、マッチ棒くらいの細切りにする。まいたけは石づきを落として小房に分ける（この状態で3～4時間干すとさらに旨味が増す）。

2 フライパンに太白ごま油を熱して赤とうがらしを炒め、香りが立ったら**1**を入れて炒める。酒を加え、強火であおってアルコール分をとばし、砂糖、白だしを加え、水けがなくなるまで一気に炒める。

3 器に盛り、白いりごまをふる。

しらたきとピーマンのきんぴら

しらたきをしっかりゆでてよく炒めるとコリコリの食感に。ピーマンを加えて彩りよく。

材料 4人分

しらたき……………1袋(350g)
ピーマン……………3個
赤とうがらしの小口切り……………½本分
酒……………大さじ2
白だし……………大さじ2
太白ごま油……………大さじ1
白いりごま……………大さじ1弱

作り方

1 しらたきは7～8㎝長さに切る。鍋に水から入れて沸騰してから約15分ゆで、ざるに上げて水けをきる。

2 ピーマンはヘタと種を除いて縦半分に切り、横細切りにする。

3 フライパンに太白ごま油を熱して赤とうがらしを炒め、香りが立ったら**1**を入れてほぐしながら約10分炒める。酒を加え、強火であおってアルコール分をとばす。ピーマンを加えて炒め、白だしを加えて水けがなくなるまで炒める。

4 器に盛り、白いりごまをふる。

おひたし

おひたしを作るうえで大事なのは、野菜のゆで加減です。食感を残すようにゆでるのが理想です。ここは長年の勘なので、何秒ゆでる、とはいえないのです。使う野菜やゆでる湯の量、ガスの火力によってもゆで時間は異なりますが、何度も繰り返し作ることで、自分好みのゆで加減が分かるようになります。特に、ほうれん草のような葉野菜は、ゆですぎるとぐちゃっとなってしまうので注意してください。しょうゆは使わずに、白だしを使うと味がまろやかになります。

おひたしには削りがつおをのせるものだと思っている方が多いと思いますが、パロルではのせません。野菜によって、カリカリベーコン、揚げじゃこ、にんにくチップスなどをトッピングして、野菜との取り合わせを楽しみます。

ブロッコリーのおひたし

サラダに使うだけでなく、おひたしにもよし。
カリカリベーコンのトッピングが絶妙。

材料　4人分

ブロッコリー……小1個
ベーコン……3枚
だし汁……大さじ3
白だし……大さじ1½
塩、油……各少々

作り方

1 ブロッコリーは小房に分け、茎はかたい部分を除き、3cm長さの棒状に切る。塩を加えた熱湯で色よくゆで、ざるに上げる。

2 ボウルにだし汁と白だしを合わせ、ブロッコリーを入れて味をなじませる。

3 ベーコンは5mm幅に切る。フライパンに油を熱して、ベーコンをカリカリになるまで炒め、ペーパータオルにとり、油をきる。

4 器に**2**のブロッコリーを盛り、**3**をのせる。

ブロッコリーの茎の部分も、食べやすく切って使う。

ゆでたら水にとらず、ざるに上げて冷ます。

ピーマンは冷水にとって色をさえさせて。揚げじゃこの旨味が決め手。

ピーマンのおひたし

材料　4人分

ピーマン……………4個
ちりめんじゃこ……20g
だし汁………………大さじ2
白だし………………大さじ1
塩……………………少々
揚げ油………………適量

作り方

1 ピーマンはヘタと種を除いて縦半分に切り、横細切りにする。塩を加えた熱湯でさっとゆで、冷水にとり、ざるに上げて水けをきる。

2 ボウルにだし汁と白だしを合わせ、ピーマンを入れて味をなじませる。

3 揚げ油を高温（200℃）に熱し、ちりめんじゃこを入れ、ふくらんでカリカリになるまで揚げる。網じゃくしなどでペーパータオルにとり、油をきる。

4 器に**2**のピーマンを盛り、**3**をのせる。

モロヘイヤとオクラのネバネバ食材を使用。にんにくチップスで味をキリッと引き締めます。

とろとろおひたし

材料　4人分

モロヘイヤ…………1袋(100g)
オクラ………………6本
にんにく……………1/3片
だし汁………………3/4カップ
白だし………………大さじ2
塩……………………少々
油……………………小さじ1/2

作り方

1 モロヘイヤは熱湯でさっとゆで、ざるに上げて水けをきる。包丁で粘りが出るまでたたく。

2 オクラは塩をまぶして板ずりし、熱湯でさっとゆでる。ざるに上げて冷まし、小口切りにする。

3 ボウルにだし汁と白だしを入れ、**1**と**2**を加えて味をなじませる。

4 にんにくは薄切りにする。フライパンに油を熱してにんにくを入れ、きつね色になるまでゆっくりと炒める。

5 器に**3**を盛り、**4**をのせる。

すべて同割のマリネ液で生野菜をさっとあえるだけ。大根、新玉ねぎ、長いもなどで作るのもおすすめ。

かぶと春菊のさっとマリネ

材料　4人分

かぶ…………………5個
春菊…………………1わ
マリネ液
酢……………………大さじ4
だし汁………………大さじ4
白だし………………大さじ4
太白ごま油…………大さじ4

作り方

1 かぶは皮をむき、縦薄切りにする。春菊は食べやすい長さに切る。

2 ボウルにマリネ液の材料を入れてよく混ぜる。**1**を加えてさっとあえる。

3色使いで華やかに。皮がまっ黒くなるまで焼くのがコツ。

パプリカの焼きびたし

材料　4人分

パプリカ（赤、黄、オレンジ）……各1個

漬け汁

だし汁……大さじ3

白だし……大さじ1½

作り方

1 パプリカは焼き網で表面全体を黒くなるまで、ときどき回しながら焼く。氷水にとって表面の薄皮をむき、ヘタと種を取って、縦2cm幅に切る。

2 バットに漬け汁の材料を入れ、よく混ぜる。**1**を加え、15分以上おいて味をなじませる。

表面が黒くなるまでしっかり焼く。

4種の根菜を使った滋味のある一皿。夏野菜で作る夏バージョンも人気です。

根菜の揚げびたし

材料　4人分

れんこん……200g

里いも……200g

ごぼう……100g

にんじん……½本

絹さや……適量

漬け汁

だし汁……¾カップ

白だし……大さじ2

砂糖……小さじ½

塩……少々

揚げ油……適量

作り方

1 れんこんは1・5cm厚さのいちょう切り、または半月切りにする。里いもは皮をむいて一口大に切る。ごぼうは包丁の背で皮をこそげ、一口大の乱切りにし、水にさらして水けをきる。にんじんも一口大の乱切りにする。

2 絹さやは塩を加えた熱湯でさっとゆで、斜め半分に切る。

3 バットに漬け汁の材料を入れ、よく混ぜる。

4 揚げ油を中温（170℃）に熱し、**1**の野菜をそれぞれ入れ、れんこんとごぼうは表面がカリッとするまで、里いもとにんじんはやわらかくなるまで素揚げにする。熱いうちに**3**の漬け汁に入れ、30分以上おいて味をなじませる。器に盛り、**2**の絹さやを飾る。

素揚げにした野菜は、熱いうちに漬け汁にひたすと味がなじみやすい。

あえもの

野菜が好きなので、あえものやおひたしは家でもよく作ります。たとえば、せりのごまあえは、いりごまをすり鉢ですっているときからごまの香ばしい香りが立ち、幸せな気持ちになります。これはすりごまになっているものを使うより、数段香りよく仕上がることの証。

せりはゆでたあと、氷水にとると、色がぐっとさえます。クレソンや春菊なども同様です。ちょっとしたことですが、手をかけると、やはり仕上がりが違うので、家庭でも面倒と思わずにやってみてください。味の違いは家族にも必ず分かりますから。

そうはいっても、焼いた塩鮭と生のかぶを生クリームであえるだけのクリームあえのような手軽に作れるあえものもあるので、まずは作りやすいものからお試しください。

せりのごまあえ

ごまはすりたてを使うと、香りが断然違います。

材料　4人分

せり……1わ
白いりごま……大さじ5
A
だし汁……大さじ2
白だし……大さじ1
砂糖……小さじ1
塩……少々

作り方

1 せりは塩を加えた熱湯でさっとゆで、冷水にとる。水けをよく絞り、3㎝長さに切る。
2 白いりごまはすり鉢ですり、**A**を加えてよくすり混ぜる。**1**を加えてあえる。

すり鉢でいりごまをすり、そこに調味料も加えていく。

よくすり混ぜたら、ゆでたせりをふわっとあえる。

大根おろしとマヨネーズにレモンの酸味をきかせて。

穴子と三つ葉のおろしマヨあえ

材料 2人分

穴子（生・開いたもの）……1尾
三つ葉……1わ（30g）
大根おろし……大さじ4
A
マヨネーズ……大さじ1
レモン汁……少々
塩、こしょう……各少々
塩……適量

作り方

1 穴子は塩少々をふり、焼き網か魚焼きグリルで両面をこんがりと焼き、3〜4㎝長さに切る。

2 三つ葉は塩少々を入れた熱湯でさっとゆで、冷水にとる。水けをきり、2㎝長さに切る。大根おろしは軽く水けをきる。

3 ボウルに大根おろしと**A**の材料を合わせて混ぜ、三つ葉を入れてあえる。

4 器に**3**の半量を盛り、**1**をのせて、残りの**3**を盛る。

春野菜の香りもごちそう。ラー油で辛みをプラスしても美味。

やりいか、根三つ葉、うどのあえもの

材料　4人分

やりいか……………1ぱい
根三つ葉……………1わ
うど……………½本(100g)
A
　酢、しょうゆ……各大さじ3
　砂糖……………大さじ1
　ごま油……………大さじ2
塩、酢……………各適量

作り方

1 根三つ葉は塩少々を入れた熱湯でさっとゆで、冷水にとる。水けをきり、3㎝長さに切る。

2 やりいかはわたごと足を引き抜いて、わたと軟骨を除き、きれいに洗い、熱湯でさっとゆでる。胴は輪切りにし、足は2㎝長さに切る。

3 うどは4㎝長さの薄い短冊切りにし、酢水にさらし、水けをきる。

4 ボウルに**A**の材料を入れて混ぜ、**1**、**2**、**3**を入れてあえる。器に盛り、好みでラー油少々をかける。

塩鮭の塩分が調味料代わりに。好相性のかぶと合わせて、生クリームであえるだけ。

かぶと塩鮭のクリームあえ

材料　4人分

塩鮭……1切れ
かぶ……5個
かぶの茎……3本
生クリーム……1/4カップ
こしょう……少々

作り方

1 塩鮭は魚焼きグリルで両面を焼き、皮と骨を除いて身をほぐす。
2 かぶは縦薄切りにし、茎は小口切りにする。
3 ボウルに生クリームとこしょうを混ぜ、**1**、**2**を加えてさっとあえる。

隠し味に生クリームを使ってコクをプラス。

まいたけとこんにゃくの白あえ

材料　4人分

もめん豆腐……½丁（200g）
まいたけ……1パック（100g）
こんにゃく……½枚（150g）
A
生クリーム……大さじ2
白だし……大さじ2
白味噌……小さじ1
砂糖……小さじ2
塩……適量

作り方

1 豆腐はふきんに包んでまな板にはさみ、約1時間おいて、水きりする。こんにゃくは塩をふってもみ、水で洗い流す。水から入れて約20分ゆでる。厚みを半分に切り、5㎜厚さの短冊切りにする。

2 まいたけは石づきを落として、網で軽く焼き目がつくまで両面を焼き、細かく裂く。

3 ボウルに1の豆腐を入れてなめらかにつぶし、Aを加えてよく混ぜる。1のこんにゃく、2を加えてあえる。

生クリーム、白だし、白味噌、砂糖で調味する

こんにゃくは、塩もみして臭みを取る。

春巻き

ケータリングをやっていたころ、手でつまめるフィンガーフードとしてメニューに取り入れていたのが揚げ春巻きです。いわゆる中華の定番の豚肉や春雨入りの春巻きではなく、えびと黄にらだけを包んだシンプルなもの。えびに黄身じょうゆで下味をつけておくので、何もつけずに食べられるのもパーティ料理に向いています。

そして、今や春巻きの定番ともいえるのが、ベトナム風生春巻きです。ライスペーパーに、ナンプラーで下味をつけて焼いた鶏肉と、青じそやパクチーなどの香味野菜をたっぷり包みます。さらに、ライスペーパーの代わりにキャベツで巻いたのが、ゆでキャベツの生春巻き風です。どちらも野菜がたっぷり食べられる人気のメニューです。

えびと黄にらの揚げ春巻き

材料　4本分

春巻きの皮……………4枚
えび（無頭・殻つき）……………大8尾
黄にら……………1わ
A
卵黄……………1個分
しょうゆ……………大さじ1
ごま油……………小さじ1
小麦粉、揚げ油……………適量

作り方

1 えびは殻をむいて背わたを除き、よく洗い、水けをきる。
2 ボウルにAを入れて混ぜ、1を加えてもみ込み、約30分おく。
3 黄にらは5cm長さに切る。
4 まな板の上に春巻きの皮を角を手前にして置き、えびと黄にらを¼量ずつのせ、細長く包む。小麦粉を同量の水で溶いてのりを作り、巻き終わりに塗って閉じる。
5 揚げ油を高温（180℃）に熱し、4を入れてカラリと揚げる。斜め半分に切り、器に盛る。

えびに黄身じょうゆで下味をつけているので、何もつけずにどうぞ。

卵黄としょうゆを混ぜて、えびに下味をつける。

黄にらの上に、えびを2尾並べてのせ、巻く。

香味野菜をたっぷり巻くのがおいしい。ゆで豚や白身魚の刺身で作っても。

鶏肉と香味野菜の生春巻き

材料　8本分

生春巻きの皮（ライスペーパー）……8枚
鶏むね肉……1枚（250g）

A
長ねぎの青い部分……1本分
しょうがの薄切り（皮つき）……4枚
塩……少々
酒……大さじ2

きゅうり……1本
あさつき……8本
青じそ……16枚
パクチー……2株

たれ
パクチーの茎のみじん切り……少々
ナンプラー……大さじ1
豆板醤……小さじ½弱
ライムの搾り汁……大さじ1
砂糖……小さじ½

作り方

1 耐熱皿に鶏肉、Aの長ねぎとしょうがをのせ、塩と酒をふる。蒸気の上がった蒸し器に入れ、約10分蒸す。粗熱が取れたら細く裂く。

2 きゅうりは5㎝長さの細切りに、あさつきは5㎝長さに切る。パクチーは葉を摘む。たれの材料を混ぜ合わせる。

3 生春巻きの皮1枚を水にくぐらせ、まな板の上にのせる。青じそ2枚を表を下にして並べ、⅛量のきゅうり、あさつき、パクチー、1の鶏肉を順にのせる。手前からきっちりと巻く。残りも同様に作る。

4 食べやすい大きさに切って器に盛り、たれを添える。

水にくぐらせた生春巻きの皮に、具を順にのせて巻く。

生春巻きの皮の代わりにキャベツで巻いて。春キャベツならなおよし。

ゆでキャベツの生春巻き風

材料　4本分

豚ロース肉（しょうが焼き用）……8枚

A
- ナンプラー……大さじ1
- 酒……大さじ1
- おろししょうが……小さじ1

キャベツ……大4枚
きゅうり……1本
あさつき……8本
パクチー……1〜2株
青じそ……8枚
たれ
- パクチーの茎のみじん切り……少々
- ナンプラー……大さじ2
- 豆板醬……小さじ1弱
- ライムの搾り汁……大さじ2
- 砂糖……小さじ1

油……大さじ½

作り方

1 豚肉は**A**の材料をもみ込み、約10分おく。

2 キャベツは熱湯でさっとゆで、水けを絞る。きゅうりは5㎝長さの細切りにし、あさつきは5㎝長さに切る。パクチーは葉を摘む。たれの材料を混ぜ合わせる。

3 フライパンに油を熱し、**1**の豚肉を広げて両面を焼く。

4 まな板の上に**2**のキャベツを広げておき、青じそ2枚を並べ、¼量のきゅうり、あさつき、パクチー、**3**の豚肉2枚をのせ、手前からきっちりと巻く。残りも同様に作る。

5 食べやすい大きさに切って器に盛り、たれを添える。好みでパクチーを飾る。

ゆでたキャベツに、野菜と焼いた豚肉をのせて巻く。

煮もの

調味料は白だしと酒のみ。砂糖は入れません。少しおいて味を含ませて。

だしのしみじみとした味が好きなので、パロルのメニューも、だしの旨味を生かした料理が自然と多くなります。煮ものの味つけも、白だしを主に使います。そうすることでしょうゆや砂糖など、他の調味料を控えられるので、素材の旨味がじっくり味わえます。肉じゃがも、甘さ控えめでさっぱりと仕上げるのがパロル流です。車麩や高野豆腐などの乾物を、ぜひ若い人に食べてほしいですね。高野豆腐は母が好きでよく煮ものを作ってくれたので、お店のメニューにも入れています。車麩の煮ものは、食べたお客様が「お肉みたい！」と驚かれるほど、肉に負けない旨味があります。

さっぱり肉じゃが

材料　4人分

牛薄切り肉……150g
じゃがいも……5個（600g）
しらたき……小1袋（200g）
玉ねぎ……大1個
煮汁
　だし汁……2カップ
　白だし……大さじ3
　酒……大さじ2
油……大さじ1½

作り方

1 じゃがいもは皮をむいて4つに切って面取りをし、水にさらし、水けをきる。玉ねぎは半分に切り、縦1㎝幅に切る。牛肉は食べやすい大きさに切る。

2 しらたきは食べやすい長さに切り、鍋に水から入れて沸騰してから約15分ゆで、ざるに上げて水けをきる。

3 鍋に油を熱し、牛肉を炒める。肉の色が変わってきたら、じゃがいも、しらたきを加えて炒め、玉ねぎを加えてさらに炒める。

4 全体に油がまわったら、煮汁の材料を加え、強めの中火にかける。煮立ったらアクを除き、落としぶたをして弱めの中火で約10分煮る。じゃがいもに竹串を刺して、スーッと通ったら、火を止める。

5 器に盛り、好みで小口切りにしたあさつきをのせる。

牛肉の色が変わったところで、じゃがいもを加えて炒める。

淡白なかぶとベーコンが好相性。かぶの水分を引き出し、炒めながら煮る感覚で作って。

かぶとベーコンのさっと煮

材料　4人分

かぶ……小6個
かぶの葉……少々
ベーコン……3枚
塩……少々
油……大さじ½

作り方

1 かぶは6等分のくし形に切る。かぶの葉は5㎜幅に切る。ベーコンは2㎝幅に切る。

2 鍋に油を中火で熱し、ベーコンを入れて炒め、色が変わったら、かぶとかぶの葉を加えてさっと炒め、塩少々を加える。

春の香りをだしの旨味でいただきます。

ふきと油揚げのさっと煮

材料　4人分

ふき……………………4本
油揚げ…………………2枚
だし汁…………………250㎖
白だし…………………大さじ2
塩………………………適量

作り方

1 ふきは鍋に入る長さに切り、塩をまぶして板ずりする。熱湯でさっとゆでて水にとり、筋を取って、4㎝長さに切る。

2 油揚げは熱湯にくぐらせて、油抜きをする。縦半分に切ってから、細切りにする。

3 鍋にだし汁と白だしを入れて中火にかけ、ふきと油揚げを入れて3〜4分煮る。

若い人にも食べてもらいたい乾物。しょうがをたっぷり使い、やや甘めに仕上げます。

車麩の煮もの

材料　4人分

車麩……………6枚
しょうが………3かけ
A
だし汁…………5カップ
白だし…………大さじ6
砂糖……………大さじ4
揚げ油…………適量

作り方

1 車麩は水につけてやわらかくもどし、両手ではさんで水けをしっかり絞る。揚げ油を高温（180℃）に熱し、車麩を入れて2～3分表面がカリッとするまで揚げる。

2 1を熱湯にくぐらせて油抜きする。

3 しょうがは薄切りにする。鍋にAの材料としょうがを入れて煮立て、2の車麩を入れて約15分煮る。

4 半分に切って器に盛り、しょうがを細切りにしてのせる。

車麩は揚げることでジューシーに仕上がる。

母がよく作ってくれた料理。ときどき無性に食べたくなります。

高野豆腐の五目煮

材料　4人分

高野豆腐……6枚
干ししいたけ……5枚
こんにゃく……½枚(150g)
豚バラ薄切り肉……120g
ごぼう……1本(150g)
大根……150g
煮汁
　だし汁……2½カップ
　干ししいたけのもどし汁……¾カップ
　白だし……大さじ3
　酒……大さじ2
酢、塩……各適量
油……大さじ1

作り方

1 干ししいたけは、水1カップ強につけてもどし、軸を除き、4等分に切る。もどし汁¾カップは取りおく。

2 高野豆腐は水につけてやわらかくもどす。両手ではさんで水けをしっかり絞り、6等分に切る。こんにゃくは塩でよくもみ、水で洗い流す。水から入れて約20分ゆで、一口大にちぎる。

3 豚肉は2cm長さに切る。ごぼうは皮をこそげて乱切りにし、酢水にさらし、水けをきる。大根は1cm厚さのいちょう切りにする。

4 鍋に油を熱し、豚肉を炒める。色が変わってきたら、しいたけ、ごぼう、こんにゃくを加えて炒め、大根を加えてさらに炒める。油が全体にまわったら、煮汁の材料を注ぎ、強めの中火で5~6分煮る。

5 **2**の高野豆腐を加え、弱火で約10分煮る。

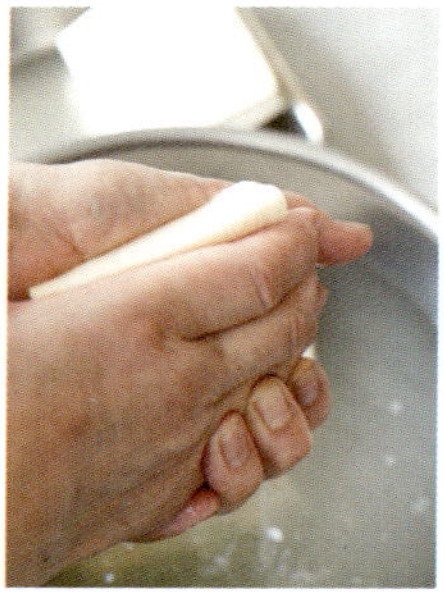

もどした高野豆腐は両手ではさんで水けを絞る。

豚肉の梅煮

豚肉はゆでこぼし、梅煮でさっぱりと。昔ながらの梅干しを使って。

材料　4人分

豚バラかたまり肉……400g
長ねぎの青い部分……1～2本分
しょうがの薄切り（皮つき）……1かけ分

煮汁
だし汁……2カップ
白だし……大さじ1
梅干し（減塩ではないもの）……3個

青じそのせん切り……8～10枚分

作り方

1 豚肉は鍋に入れてかぶるくらいの水を注ぎ、長ねぎの青い部分、しょうがを加え、煮立ったら、湯を捨てる（ゆでこぼす）。

2 **1**に再び水を注ぎ、約2時間下ゆでする。途中、水が足りなくなったら、水を足しながら煮て、火を止める。粗熱が取れたら、豚肉を取り出し、3cm長さに切る。

3 梅干しは種を除き、梅肉を包丁でたたく。きれいにした鍋に、ほかの煮汁の材料とともに入れ、**2**の豚肉を入れて約15分煮る。器に盛り、青じそのせん切りをのせる。

豚肉はかたまりのまま長ねぎの青い部分としょうがを入れて一度ゆでこぼす。

再度、水を加えて2時間煮て、余分な脂を落とす。

だし汁と白だしに、たたいた梅肉を加え、梅肉で調味しながら煮る。

器と盛りつけ

陶芸家・黒田泰蔵さんの器は、私の料理になくてはならないもの

陶芸家、黒田泰蔵さんの器を使うようになり、30年近く経ちました。お店を始めたころは、焼き締めや染付など手持ちの器に、親戚でもある泰蔵さんの器を少しずつ足して、組み合わせて使っていました。泰蔵さんの器は、他のどの白磁とも違い、色、形、質感、どれをとっても研ぎ澄まされていて、当時の私にはうまく使いこなせていなかったように思います。

時間をかけて集めて、今では大皿から小鉢まで種類も増え、ほとんど泰蔵さんの器で揃えています。円筒形や高坏の器など、どれも形が美しく、新しい器に盛りつけるときは、どんな料理をどういう風に盛ろうか、こちらの技量を試されるようで刺激になります。見た目はシャープな印象ですが、使ってみると、どんな料理も受け入れてくれる懐の深さがあり、料理を引き立ててくれます。

盛りつけで気をつけているのは、器の余白を生かすこと。円筒形のような器に盛るときは、料理が器の縁につかないように1㎝くらい控えるようにします。器のことに詳しいお客様から、「黒田さんの器でいただけるなんて、贅沢ですね」と言っていただくこともあり、今では泰蔵さんの器はパロルにとってなくてはならないものです。

パロルの肉料理

見栄えがよくて食べごたえのある肉料理は、若い方をはじめ、皆さんお好きですね。パロルを始めた当時はおまかせコースがあり、そのときのメイン料理に出していたのは牛ステーキです。切り方やソースが少し変わり、今は棒状に切って串に刺し、大根とりんごのソースを添えています。さっぱりとしたこのソースが好評で、ナイフとフォークを使わずに食べられるのも喜ばれています。豚肉のしょうが焼きも厚切り肉を使い、しょうがをソースのようにたっぷり使うとごちそうになります。

パロル開店当初から作っている料理が、牛すね肉と大根の煮ものです。下ゆでした牛すね肉はポテトサラダに混ぜたり（22ページ参照）、いろいろな料理に応用できるので、いつも多めにゆでています。一つの食材を使い回す方法は、家庭でも役に立つと思います。

塩もみしたキャベツを豚薄切り肉で巻いた、野菜と食べるかつ。

キャベツとんかつ

材料　4人分

豚ロース薄切り肉……8枚（240g）
キャベツ……200g（1/4個）
玉ねぎ……1個
塩、こしょう……各適量
小麦粉、溶き卵、パン粉……各適量
練りがらし……少々
中濃ソース（125ページ参照）……適量
揚げ油……適量

作り方

1 キャベツはせん切りにする。玉ねぎは半分に切り、縦薄切りにする。

2 ボウルに**1**のキャベツと玉ねぎを入れて軽く塩もみし、しんなりしたら、水けを絞る。

3 まな板の上に豚肉を広げ、肉たたきなどでたたいて薄く伸ばす。軽く塩、こしょうをふり、**2**を等分にのせ、両端を折り込んでくるくると包む。小麦粉、溶き卵、パン粉の順に衣をつける。

4 揚げ油を高温（180℃）に熱し、**3**を入れてこんがりと揚げる。

5 斜め半分に切って器に盛り、好みでキャベツのせん切りを添え、練りがらしを添える。食べるときにソースをかける。

肉たたきや麺棒でたたいて、豚肉を薄く伸ばす。

塩もみしたキャベツと玉ねぎをのせて、巻く。

具が出ないようにきっちり巻く。

きのこ入りのバジルソースを中に入れたフライ。牛ひき肉がさっぱりと食べられます。

バジル風味の肉だんごフライ

材料　約16個分

牛ひき肉……200g
玉ねぎ……30g
生しいたけ……4個（80g）
塩……小さじ½
こしょう……少々
バジルソース
　しめじ……小1パック（100g）
　マッシュルーム……5個
　バジルペースト（市販）……20g
　オリーブ油……大さじ1弱
小麦粉、溶き卵、パン粉……各適量
バター……20g
揚げ油……適量

作り方

1 玉ねぎとしいたけはみじん切りにする。フライパンにバターを溶かし、玉ねぎとしいたけを入れてしんなりするまで炒める。ボウルに取り出し、冷ます。

2 牛ひき肉を加えてよく混ぜ、塩、こしょうで調味し、16等分する。

3 バジルソースを作る。しめじは石づきを除き、マッシュルームとともに粗みじん切りにする。フライパンにオリーブ油を熱し、しめじとマッシュルームを入れて、しんなりするまで炒める。バットなどに取り出して、バジルペーストを加えてよく混ぜる。

4 ラップに**2**の1個分をおいて平たくし、**3**のバジルソースの$\frac{1}{16}$量を包み、丸める。

5 小麦粉、溶き卵、パン粉の順に衣をつける。

6 揚げ油を高温（180℃）に熱し、**5**を入れてこんがりと揚げる。器に盛り、好みでバジルを添える。

玉ねぎとしいたけのソテーを混ぜた肉だね。これでバジルソースを包む。

厚切り肉のしょうが焼き

「こんなにたくさん？」と思うくらいのしょうがを使って、風味よく。

材料　2人分

豚ロース肉（とんかつ用）……2枚
しょうが……4かけ
にんにく……1片
クレソン……適量
塩、こしょう……各少々
小麦粉……適量
酒……大さじ4
しょうゆ……大さじ2
油……大さじ1弱

作り方

1 しょうがとにんにくはみじん切りにする。豚肉は筋の部分に切り目を入れ、筋切りする。塩、こしょうをふり、小麦粉を薄くつける。

2 フライパンに油を弱火で熱し、豚肉を入れて両面を約10分かけてじっくり焼く。

3 強火にし、酒をふり入れてアルコール分をとばし、しょうがとにんにくを加え、水分が少なくなってきたら、しょうゆを加えて2〜3分焼く。

4 器に盛り、クレソンを添える。

赤身と脂肪の間に切り目を入れて筋切りをし、焼き縮んで反り返るのを防ぐ。

酒のアルコール分をとばしたら、しょうがとにんにくを加える。

牛ステーキ

大根にりんごやレモン汁で甘みや酸味をプラスしたソースを添えて。

材料　2人分

牛ステーキ肉……1枚(200g)
塩、こしょう……各適量
ソース
大根……90g
りんご……正味70g
しょうが……15g
にんにく……1/4片
レモン汁……大さじ1 1/2
しょうゆ……大さじ4

しょうゆ……適量

作り方

1 ソースを作る。りんごは芯と皮を除き、すりおろす。大根、しょうが、にんにくはみじん切りにし、レモン汁、しょうゆと混ぜ合わせる。3〜4時間おいて味をなじませる（ソースは作りやすい分量。保存容器に入れ、冷蔵室で約1週間保存可能。焼いた鶏肉や豚肉、焼き魚にかけても）。

2 牛肉は室温にもどし、塩、こしょうをふり、焼き網で両面を焼く。

3 **2**を2・5cm幅に切り、竹串に刺す。再び焼き網にのせ、しょうゆをハケで塗りながら、表面をさっとあぶる。

4 器に盛り、**1**のソースを添える。

ソースの材料。りんご、大根、しょうが、にんにく、レモン汁。これにしょうゆで味つけする。

焼き網を使い、香ばしく焼き上げる。

薄味に仕上げた煮汁もごちそう。煮返してもおいしいのでたっぷり作りたい。

牛すね肉と大根の煮もの

材料　4〜5人分
牛すね肉（かたまり）……　600g
大根……………… ½本（500g）
長ねぎの青い部分… 2本分
しょうがの薄切り（皮つき）
…………………… 1かけ分
煮汁
―だし汁…………… 5カップ
　酒………………… 大さじ3
―白だし…………… 大さじ2½
粉ざんしょう………… 適量

作り方
1 鍋に牛すね肉を入れてたっぷりの水を注ぎ、長ねぎの青い部分としょうがを入れて強火にかけ、煮立ったら火を弱めて約1時間ゆでる（この状態で冷まし、汁ごと保存容器に入れ、冷蔵室で4〜5日間保存可能）。
2 大根は皮をむき、1cm厚さのいちょう切りにする。水からゆで、さっとゆでこぼす。
3 **1**のゆでた牛すね肉を取り出し、食べやすい大きさに切る。
4 鍋に煮汁の材料を入れて煮立て、**3**を加えて弱火で約15分煮る。
5 **2**を加えて約5分煮る。火を止めて、そのまま味を含ませる。器に盛り、粉ざんしょうをふる。

下ゆでした牛すね肉。22ページのポテトサラダにも使用。

蒸し鶏の3種ソース

和風、中華風、タイ風と、3種の味の違いを味わって。

材料 4人分

鶏もも肉……1枚
酒……大さじ1
塩……少々
長ねぎの青い部分…2本分
しょうがの薄切り（皮つき）……1かけ分
白髪ねぎ……適量

和風ソース
しょうゆ……小さじ2
柚子の搾り汁……小さじ2
柚子こしょう……小さじ½
長ねぎのみじん切り…小さじ2

中華風ソース
しょうゆ……大さじ1
ごま油……大さじ1
しょうがのみじん切り……½かけ分
長ねぎのみじん切り…小さじ2

タイ風ソース
ナンプラー……大さじ1
砂糖……小さじ½強
ライムの搾り汁…小さじ1
豆板醤……小さじ⅓
長ねぎのみじん切り…小さじ2
パクチーのみじん切り……6本分

作り方

1 耐熱皿に鶏肉をのせ、酒、塩をふる。上に長ねぎの青い部分としょうがをのせる。

2 蒸気の上がった蒸し器に**1**を入れ、約15分蒸す。そのままおいて粗熱を取り、食べやすい大きさに切る。

3 和風ソース、中華風ソース、タイ風ソースの材料をそれぞれ混ぜる。

4 **2**を器に盛って白髪ねぎをのせ、**3**のソースを添える。

柚子こしょう（右）
柚子の果皮を刻み、とうがらしと塩をすり合わせて熟成させた調味料。さわやかな香りと辛みが特徴。

ゆずの粋《すい》（左）
材料に柚子の搾り汁とあるのは「ゆずの粋」を使用。高知県産の実生の柚子の搾り汁で、発酵止めの塩以外は無添加。

長ねぎの青い部分としょうがをのせて酒蒸しにする。

一度揚げてから煮ることで、コクが増します。スパイシーな香りもごちそう。

手羽先の五香粉《ウーシャンフェン》煮

材料 3～4人分

- 鶏手羽先……6本（300g）
- **A**
  - 紹興酒……大さじ2
  - しょうゆ……大さじ3
  - しょうが汁……小さじ1
- 片栗粉……適量
- 長ねぎ……1/3本
- しょうが……2かけ
- にんにく……1/2片
- 紹興酒……大さじ2
- **B**
  - 五香粉……大さじ1
  - 砂糖……小さじ1
  - しょうゆ……大さじ2
- 油……大さじ1
- 揚げ油……適量

作り方

1 手羽先の先は切り落とし、きれいに洗う。**A**の材料をもみ込み、約15分おく。

2 **1**の汁けをきって片栗粉をまぶし、高温（180℃）の揚げ油でカラリと揚げて、油をきる。

3 長ねぎ、しょうが、にんにくはみじん切りにする。

4 鍋に油を熱し、**3**を入れて炒め、香りが立ったら**2**の手羽先を加えてからめる。水2カップと紹興酒を加え、煮立ったら、**B**の材料を加えて約15分煮る。器に盛り、好みでパクチーをのせる。

五香粉《ウーシャンフェン》

中国を代表するミックススパイス。5種は主に八角（ハッカク）、ウイキョウ、シナモン、花椒（ホワジャオ）、陳皮など。肉や魚の揚げものや煮込み料理に用いられる。

五香粉を煮汁に加えて香りをつける。

下味をつけた手羽先に、片栗粉をまぶして揚げる。

衣に卵と２種類の粉を使い、サクッとした食感に。長ねぎやごまで風味アップ。

鶏の香味揚げ

材料　4〜5人分

鶏もも肉……………２枚（５００g）

A
- 白だし……………大さじ２½
- おろししょうが……大さじ１
- ごま油……………大さじ１½

長ねぎ……………½本

白いりごま…………大さじ１½

卵……………１個

小麦粉、片栗粉……各大さじ２½

揚げ油……………適量

作り方

1 鶏肉は一口大に切る。ボウルに**A**の材料を合わせ、鶏肉を入れてもみ込み、約20分おく。

2 長ねぎは小口切りにして**1**に加え、白いりごまも加えて混ぜる。

3 卵を溶いて**2**に加え、小麦粉と片栗粉も加えてよく混ぜる。

4 揚げ油を中温（１７０℃）に熱し、**3**の鶏肉を入れて弱めの中火で約５分かけてゆっくり揚げ、最後に火を強めてカラリと揚げる。

白だし、おろししょうが、ごま油で下味をつけ、さらに長ねぎ、白いりごまを加える。

溶き卵を加え、小麦粉と片栗粉を混ぜる。

ごま油と白髪ねぎで風味よく。お酒がすすむ一品。

砂肝のあえもの

材料　2人分

鶏の砂肝……………100g

A
- 長ねぎの青い部分…　2本分
- しょうがの薄切り…　5枚

長ねぎ……………1/3本

しょうが……………小2かけ

B
- しょうゆ……………大さじ1
- 酒……………大さじ1
- ごま油……………小さじ1

作り方

1 砂肝を鍋に入れて水をかぶるまで注ぎ、**A**を加えて約10分ゆでる。ざるに上げて冷まし、薄くそぎ切りにする。

2 長ねぎは4㎝長さに切り、芯を除いてせん切りにし、白髪ねぎにする。しょうがはごく細いせん切りにする。

3 ボウルに**B**の材料を混ぜ、**1**、しょうが、白髪ねぎを飾り分を残して加え、よくあえる。器に盛り、残りの白髪ねぎをのせる。

下処理をていねいにすることでよりおいしく。高温の油でカラリと揚げて。

軟骨のから揚げ

材料　2人分

鶏の軟骨……………………100g
しょうゆ、酒……………各大さじ1
青のり……………………小さじ2
白いりごま………………大さじ2
片栗粉、小麦粉…………各小さじ1½
揚げ油……………………適量

作り方

1 軟骨は骨についている余分な身や脂を、包丁でこそげ取る。

2 **1**にしょうゆ、酒を加えて下味をつけ、青のり、白いりごまを加えてよく混ぜる。

3 揚げ油を高温（180℃）に熱する。揚げる直前に**2**に片栗粉、小麦粉を加えて混ぜ、揚げ油に入れて約3分カラリと揚げる。

しょうゆと酒で下味をつけ、青のりと白いりごまを混ぜる。

パロルのこと

71歳で再スタート。6年目を迎えました。

若いころから料理を作るのが好きで、よく家に人を招いて料理をふるまっていました。その中にたまたま編集者がいて、雑誌の仕事を頼まれたことが、この道に入るきっかけなんです。

ニューヨークにいた友人がケータリングという仕事があることを教えてくれたのですが、当時はどういうものかもわからないので、すぐにニューヨークまでリサーチに行きました。依頼主のオーダーに応じて料理を作り、テーブルコーディネートまで含めてセッティングするのが仕事です。ケータリング会社を起ち上げたものの、30年前の日本ではまだなじみがなく、仕事の依頼はそうはありませんでした。雑誌で紹介されたのをきっかけにケータリングの依頼が増えていき、有名ファッションブランドや広告会社などから、多いときは200人分のパーティ料理を頼まれることもありました。

西麻布に最初のパロルをオープンしたのは51歳のとき。ケータリングを一緒にやっていた女性スタッフとともに始めました。当時はおまかせのコースメニューだけでスタートしました。おかげ様で評判もよく、常連のお客様も増えていきました。

ずっと走り続けてきましたが、60歳になって、充分やりたいことはやったと納得し、引退することにしたのです。伊豆に移り、旅をしたり友人と遊んだり、悠々自適な暮らしをしていましたが、料理を教えてほしいという人がいて、料理教室を始めました。けれど料理を教えるのは同じことの繰り返しで、次第に私にはごはん屋のほうが向いている、と思うようになったのです。

10年お店の仕事から離れていて不安もありましたが、「私たちはまだできる!」と一念発起して、友人とともに東京の南青山で再スタートしました。それが今から6年前の71歳のときです。

若いころとは違い、腰が痛くなったり、料理に時間がかかったりしますが、それは当たり前のこと。機械だったら、とっくに保証期間も過ぎて壊れていますよね。でも、不安に思ってもどうにもならないので、いい意味で居直って一日一日を楽しんでいます。おいしいものがあるところに人が集まって輪ができる。そのことが何より楽しいと知っているからかもしれません。

パロルの魚料理

魚は、白身魚も青魚もどちらも好きな素材です。魚は長崎の対島から取り寄せていて、鯛やハタなどの白身魚が手に入ったときはカルパッチョを作ります。味つけは柚子こしょうと柚子の搾り汁、それに旨味のある塩と少しのオリーブ油。そこに薬味をたっぷりのせるのがパロル流です。味だけでなく目でも楽しめるところは、家庭のおもてなし料理にも向くと思います。

青魚のあじは、ハーブと合わせてパン粉焼きにしたり、南蛮漬けに。牡蠣の出回るシーズンには、グラタンや揚げ春巻きなど、調理法を変えてお出しします。本書では家庭でも手軽にできる牡蠣のピカタをご紹介します。

鮮度のいい魚介は手をかけすぎないシンプルな調理で、お酒やワインに合う味つけにしています。

あじのハーブパン粉焼き

アーモンド入りのハーブパン粉で、さっくり香ばしく焼き上げて。

材料　4人分

あじ（三枚おろしにしたもの）……4尾分
塩、こしょう……各少々
小麦粉……適量
ハーブパン粉
にんにく……1片
ドライパン粉……40g
ローズマリー……1本
タイム……4本
アーモンドスライス……15g
塩、こしょう……各少々

溶き卵……適量
バター……25g

作り方

1 ハーブパン粉を作る。にんにくはみじん切りにし、ローズマリーとタイムは葉を摘む。フライパンにバター15gを溶かし、ハーブパン粉の材料を右から順に加え、弱火でゆっくりときつね色になるまで炒る。

2 あじはぜいごを除き、塩、こしょうをふり、小麦粉を薄くまぶす。

3 **2**を溶き卵にくぐらせ、**1**のハーブパン粉をつける。

4 フライパンにバター10gを溶かし、**3**を皮目を下にして入れ、両面合わせて4〜5分焼く。器に盛り、あればタイムを飾る。

溶き卵にくぐらせたあじに、ハーブパン粉をつける。

ハーブパン粉は焦がさないように弱火でゆっくり炒る。

オイルは控えめにし、柚子こしょうと柚子の搾り汁で和風にアレンジ。

薬味たっぷりカルパッチョ

材料　2～3人分

白身魚（刺身用。鯛、ハタなど）……1さく（80～100g）
長ねぎ……1/3本
みょうが……2個
青じそ……10枚
柚子こしょう……適量
塩……少々
柚子の搾り汁……小さじ2
オリーブ油……小さじ2

作り方

1 白身魚は薄くそぎ切りにし、器に広げて並べる。

2 長ねぎは4㎝長さに切り、芯を除いてせん切りにし、水にさらして、水けをきり、白髪ねぎにする。みょうがは縦半分に切って、斜め細切りにし、水にさらして、水けをきる。青じそはせん切りにし、水にさらして、水けをきる。

3 **1**の白身魚に柚子こしょうを少しずつ塗るようにつけ、塩をふり、柚子の搾り汁、オリーブ油をかける。

4 長ねぎ、みょうが、青じその順に薬味をのせる。

薬味は長ねぎ、みょうが、青じその3種をたっぷりと用意する。

柚子の搾り汁は「ゆずの粋」（66ページ参照）を使用。

薄く切るのがポイント。包丁の刃元を刺身にあて、手前にスーッと引きながら一度で切る。

チーズ入りの卵の衣をまとった牡蠣は、ふっくらジューシー。

牡蠣のピカタ

材料　2〜3人分

生牡蠣（加熱用）……6個
塩、こしょう……各少々
小麦粉……適量
衣
　卵……1個
　パルメザンチーズ……大さじ2
　パセリのみじん切り……小さじ1弱
バター……大さじ1

作り方

1 牡蠣は流水でよく洗い、ペーパータオルで水分を拭く。塩、こしょうをふり、小麦粉を薄くまぶす。
2 衣を作る。パセリは飾り分を少し残し、パルメザンチーズとともにボウルに卵を溶きほぐす。ボウルに加えてよく混ぜる。
3 **1**を**2**に入れて衣をからめる。
4 フライパンにバターを弱火で溶かし、**3**を並べ入れ、じっくりと両面に焼き色がつくまで焼く。器に盛り、残りのパセリを散らす。

溶き卵にパセリとパルメザンチーズを加えて衣を作る。

弱火でゆっくりと焼き色がつくまで焼く。

小あじの南蛮漬け

下味をつけるので、南蛮酢は少なめでOK。骨ごとどうぞ。

材料　3～4人分

小あじ……………8～10尾
長ねぎ……………1本
A
　しょうゆ………大さじ1½
　酒………………大さじ1
　しょうが汁……大さじ½
南蛮酢
　しょうゆ………大さじ1½
　酢………………大さじ2
　だし汁…………大さじ1
　砂糖……………小さじ2
　赤とうがらしの小口切り
　……………………⅓本分
片栗粉……………適量
揚げ油……………適量

作り方

1 あじは、ぜいごをそぎ取り、えらと腹わたを取り除く。きれいに洗い、ペーパータオルで水けを拭く。長ねぎは3㎝長さに切る。

2 Aの材料をバットに入れて混ぜ、**1**のあじを入れて約10分漬ける。

3 別のバットに南蛮酢の材料を混ぜ合わせる。

4 揚げ油を中温（170℃）に熱し、長ねぎをさっと素揚げにし、**3**に漬ける。

5 **2**のあじの汁けを拭いて片栗粉を薄くまぶし、中温（170℃）の揚げ油に続けて入れ、中までじっくり揚げる。

6 揚がったものから南蛮酢に漬ける。すぐでも食べられるが、約10分おくと味がなじむ。

しょうゆ、酒、しょうが汁を混ぜて、あじに下味をつける。

素揚げにした長ねぎとともに、南蛮酢に漬ける。

魚好きにはたまらない一皿。あっさり煮るのがパロル流。

鯛のかぶと煮

材料　作りやすい分量

鯛の頭（半分に割ったもの）……1尾分
ごぼう……1/3本
長ねぎの青い部分……1本分
しょうがの薄切り（皮つき）……5枚
長ねぎ……8cm

A
酒……1 1/2カップ
しょうゆ……大さじ6
砂糖……大さじ3

作り方

1 鯛の頭は、熱湯に入れ、色が白く変わる程度にさっと湯に通す。氷水に取り、残っているうろこなどを手で取り除く。

2 ごぼうは包丁の背で皮をこそげ、4cm長さに切り、縦に四つ割りにする。

3 鍋に**1**の鯛、長ねぎの青い部分、しょうがを入れ、ひたるくらいの水を注いで中火にかける。煮立ったら**A**の調味料とごぼうを加え、落としぶたをして弱めの中火で15～20分、ときどき煮汁をかけながら煮る。

4 長ねぎは長さを半分に切り、芯を除いてせん切りにし、白髪ねぎにする。器に**3**を盛り、白髪ねぎをのせる。

ひたるくらいの水と香味野菜を入れ、煮立ったら調味料を加える。

湯通しして氷水に取り、臭みや余分な脂を除く。

だし汁に実ざんしょうの香りを移して。ひと手間で気のきいたおつまみに。

たこの実ざんしょう煮

材料　2～3人分

ゆでだこの足……………150g
実ざんしょうの水煮…大さじ1

A
だし汁……………大さじ5
白だし……………大さじ1弱
酒……………大さじ1

作り方

1 たこは一口大の乱切りにする。
2 鍋に**A**の材料を入れ、実ざんしょうを加えて約3分煮る。**1**のたこを加えて2～3分さっと煮る。

帆立は火を通しすぎないこと。柚子の風味に辛みをきかせて。

帆立のチリ炒め

材料　3～4人分

帆立の貝柱（刺身用）… 8個
セロリ……………… 小1本
ピーマン…………… 3個
塩、こしょう……… 各少々
太白ごま油………… 大さじ½強

A
柚子の搾り汁*……… 大さじ1½
しょうゆ…………… 大さじ1½
かんずり*………… 小さじ⅓
（または一味粉とうがらし… 少々）

作り方

1 セロリは筋を取り、4㎝長さの薄切りにする。ピーマンはヘタと種を除いて縦半分に切り、横細切りにする。帆立は上下の面に格子状に切り目を入れ、塩、こしょうをふる。

2 フライパンに太白ごま油大さじ½を熱し、**1**の帆立の両面をさっと焼き、取り出して器に盛る。

3 **2**のフライパンに太白ごま油少々を足し、セロリとピーマンを入れてさっと炒める。焼いた帆立にのせ、**A**を混ぜてかける。

*柚子の搾り汁は「ゆずの粋」（66ページ参照）を使用。
*新潟の伝統調味料。塩漬けにしたとうがらしを雪上にさらしてアク抜きし、柚子や麹などを混ぜて発酵させたもの。

パロルのスタッフのこと

気持ちのいいスタッフと家族。みんなに支えられて今日のパロルがあります

現在のパロルの中心メンバーは5人。レストランで働いた経験のあるベテランの女性スタッフと、他に仕事を持ちながら週2回夜から入ってくれる30代のスタッフ。そして私の妹と娘、そして息子のお嫁さんです。今の場所でパロルを開いたときは、私より6歳年下の、友人のアミさんと一緒でした。やがてアミさんが辞めることになり、スタッフがいなくて困っていたときに手伝ってくれたのが妹や娘でした。そう考えると、パロルはかなり身内な店かもしれませんね（笑）。

みんな働き始めはせん切りにする食材の多さや、細かな下ごしらえに戸惑いますが、そういったことは徐々に慣れること。それよりも正直さと清潔さ、そして気配りみたいなことを大事に思っています。今のメンバーはそれぞれが得意なことを生かす、いいチーム。和気あいあい、日々働いています。

パロルのサラダ

サラダといっても、お酒を飲みながら食べていただくことを想定しているので、おつまみになるようなサラダが多いです。なかでも、パロルの定番になっているのが「ズズズのサラダ」です。とろろをだし汁でのばして調味し、野菜とあえます。冬ならかぶとクレソン、夏ならピーマンとエシャロットなど、季節の野菜を組み合わせて作ります。ズズッとすすらないと食べられないので、いつからかこの名で呼ぶようになりました。

私は乾物も好きで、切り干し大根とひじきのサラダもメニューによく登場します。ちりめんじゃこやごまを加えて味つけは酢じょうゆで。これを食べると元気が湧いてくるので、「元気サラダ」と命名しました。切り干し大根は、卵焼きに入れたり、薄切りの豚肉で巻いてとんかつにしたり、便利に使えるので、いろいろな食べ方でおいしさを知ってほしいですね。

魚介は火を通しすぎないこと。セロリと合わせ、レモンドレッシングで爽やかに。

海賊サラダ

材料　4人分

あさり（砂抜き）……　400g
いか……………………　1ぱい
えび（無頭・殻つき）
……………………………　8尾
ゆでだこの足………　1本（100g）
セロリ………………　1本
オリーブ（黒、緑）…　各7〜8個
白ワイン……………　½カップ
ドレッシング
　レモン汁…………　1個分
　オリーブ油………　大さじ2
　白だし……………　大さじ1
塩、こしょう………　各少々

作り方

1 あさりは殻をこすり合わせてよく洗う。いかは胴から足とわたを抜き、胴は軟骨をはずし、皮をむいて洗う。えびは殻をむき、背わたを取る。たこは一口大の乱切りにする。セロリは筋を取る。

2 鍋に湯を沸かして白ワインを入れ、沸騰したらセロリをさっとくぐらせて、ざるに取る。冷めたら4cm長さの薄い短冊切りにする。

3 **2**の鍋にいかの胴と足を入れてさっとゆで、ざるに取る。続けてえびを入れてさっとゆで、ざるに取る。さらにあさりを入れ、殻が開いたら火を止め、ざるに取る。いかの胴は1cm幅の輪切りにし、足は食べやすく切る。

4 ボウルにドレッシングの材料を混ぜ合わせ、たこ、いか、えび、あさり、セロリ、オリーブを入れてよくあえる。

同じ湯で、いか、えび、あさりを順にさっとゆでる。

ワインを加えた湯で、セロリをさっとゆでる。

ズズズのサラダ

ズズッとすすって食べるサラダ。滋養のあるとろろをドレッシングのように使って。

冬のズズズのサラダ

材料　2人分

かぶ……小2個
クレソン……5本
大和いも……正味100g
だし汁……大さじ2
白だし……大さじ1
和風ドレッシング
油……大さじ1½
酢……大さじ1
しょうゆ……小さじ1
塩、こしょう……各少々

作り方

1 かぶは皮をむき、縦薄切りにする。クレソンは4等分の長さに切る。

2 大和いもは皮をむき、すりおろす。だし汁と白だしを加えて混ぜる。

3 和風ドレッシングの材料を混ぜ合わせ、**2**に加えて混ぜる。**1**を加えてあえる。

とろろに、だし汁と白だしを混ぜ、さらに和風ドレッシングで調味する。

夏は野菜をピーマンとエシャロットに代えてどうぞ。

夏のズズズのサラダ

材料と作り方　2人分

1 ピーマン4個はヘタと種を取り、横細切りにし、水にさっとさらし、水けをきる。エシャロット6個は縦に細切りにする。

2 上記のサラダと同様の材料と分量で大和いものすりおろしにだし汁、白だし、和風ドレッシングを混ぜ合わせ、**1**を加えてあえる。

細切りにしたピーマンを、水にさらしてアクを抜く。

厚揚げと野菜に、甘ずっぱい辛みドレッシングをかけて。

厚揚げのタイ風サラダ

材料　2人分

厚揚げ……………1枚
もやし……………½袋(100g)
紫玉ねぎ…………½個
パクチー…………1株
ドレッシング
―ナンプラー………大さじ1½
ライムの搾り汁…大さじ1
砂糖………………小さじ½
―豆板醤……………小さじ½弱
揚げ油……………適量

作り方

1 厚揚げは縦半分に切り、横に6等分に切る。

2 揚げ油を高温(180℃)に熱し、**1**の厚揚げを入れてきつね色になるまで揚げる。ペーパータオルの上に取り、油をきる。

3 もやしはひげ根を除き、熱湯でさっとゆで、ざるに上げて水けをきる。紫玉ねぎは縦薄切りにする。パクチーは葉を摘む。

4 器に**2**を盛り、もやし、紫玉ねぎ、パクチーを順にのせる。ドレッシングの材料を混ぜてかける。

ナンプラー、ライムの搾り汁、砂糖、豆板醤を混ぜて、ドレッシングを作る。

高温の油で、厚揚げを色よく揚げる。

元気サラダ

切り干し大根とひじきで作る食物繊維の豊富なサラダ。乾物パワーで元気に！

材料　4人分

切り干し大根……………30g
ひじき（乾燥）…………10g
ちりめんじゃこ…………20g
白いりごま………………大さじ1
しょうゆ…………………大さじ2
酢…………………………大さじ2

作り方

1 切り干し大根は洗い、袋の表示通りに水につけてもどす。熱湯でさっとゆで、水けを絞る。ひじきはよく洗い、袋の表示通りに水につけてもどす。熱湯でさっとゆで、水けを絞る。

2 ボウルにしょうゆと酢を入れて混ぜ、**1**の切り干し大根とひじきを加えてあえる。

3 ちりめんじゃこと白いりごまを加え、よくあえる。

＊保存容器に入れ、冷蔵室で約1週間保存可能。

切り干し大根とひじき、ちりめんじゃこと白いりごまを使用。日持ちするので常備しておくと便利な食材。

パロルの一品

お酒を飲んでいて、締めのご飯の前にもう少し食べたい、というときにおすすめなのが、ここでご紹介する料理で、どれもパロルの定番メニューです。

オムレツや水餃子などおなじみの料理ですが、組み合わせる素材や味にひと工夫すると、いつもと違うおいしさに出合えます。

オムレツにはゴルゴンゾーラとグリエールの2種のチーズを混ぜると、ワインを飲みながら食べるのにうってつけ。北京ダックは、アヒルの代わりにカリカリに焼いた鶏皮を使ったもどき料理に仕立てました。これがなかなかいける味で、お客様にも喜ばれています。ハッスルたらこやミルク豆腐など、メニューを見ただけでは「何?」と思うような料理も、皆さん食べて納得していただけているので、ぜひ試してみてください。

ゴルゴンゾーラ入りオムレツ

2種のチーズが溶けて、旨味が倍増。半熟に仕上げてとろとろを味わって。

材料　2〜3人分

卵……3個
ゴルゴンゾーラチーズ……30g
グリエールチーズ……30g
こしょう……少々
バター……大さじ1
ルッコラ……適量

作り方

1 卵は溶きほぐし、こしょうを加えて混ぜる。
2 ゴルゴンゾーラチーズは粗く刻む。グリエールチーズはすりおろす。
3 フライパンにバターを溶かし、**1**の卵を流し入れ、菜箸で手早く混ぜ、半熟状になったら**2**をのせ、卵を半分に折って形を整える。器に盛り、ルッコラを添える。

菜箸で手早く混ぜて半熟状にする。

卵の上に2種のチーズをのせる。

卵を半分に折って、形を整える。

なんと鶏皮をカリカリに焼くだけで、まるで北京ダック！

北京ダックもどき

材料　2人分

北京ダックの皮……4枚
鶏皮……100〜150g
長ねぎ……1本
きゅうり……1本
甜麺醤《テンメンジャン》……適量
油……大さじ1½

作り方

1 フライパンに油を熱し、鶏皮を広げて入れ、肉たたきなどで押さえながら弱めの中火でカリカリになるまで焼く。油をきり、約1・5cm幅に切る。

2 長ねぎは4cm長さに切り、芯を除いてせん切りにし、白髪ねぎにする。きゅうりは4cm長さの細切りにする。

3 北京ダックの皮を、蒸気の上がった蒸し器で約1分蒸す（または電子レンジで温める）。

4 まな板の上に3を広げて置き、甜麺醤を塗り、白髪ねぎときゅうり、1の鶏皮をのせて包む。斜め半分に切って、器に盛る。

蒸した北京ダックの皮に、甜麺醤を塗り、具をのせる。

鶏皮は、肉たたきなどで押さえて丸まらないようにして、焼く。

白菜と長ねぎのほかに、れんこんとザーサイをプラスするのがパロル流。

水餃子

材料　4人分

餃子の皮……………1袋（20枚）
豚ひき肉……………50g
白菜……………130g
長ねぎ……………70g
れんこん……………50g
ザーサイ（塩漬け）…50g
しょうが……………2かけ

A
しょうゆ……………小さじ1
ごま油……………小さじ1
こしょう……………少々

酢、しょうゆ、しょうがのせん切り……………各適量

作り方

1 白菜、長ねぎ、れんこんはみじん切りにし、れんこんは水にさらしてざるに上げ、水けをきる。ザーサイはみじん切りにし、水にさらして塩分を抜く。しょうがはすりおろす。

2 ボウルに豚肉を入れて**1**を加え、よく混ぜる。水けが出るのでよく絞り、別のボウルに入れ、**A**の材料を加えて、よく混ぜる。

3 餃子の皮の縁に水をつけ、**2**を等分にのせて半分に折り、ひだを取りながら包む。

4 鍋に湯を沸かし、**3**を入れて浮き上がるまで4～5分ゆでる。餃子を器に盛ってゆで汁を少し注ぐ。酢じょうゆにしょうがのせん切りを入れ、餃子をつけて食べる。

しょうゆ、ごま油、こしょうを加えてさらに混ぜる。

ひだを取りながら包み、しっかり閉じる。

沸騰した湯に入れ、浮いてからさらにゆでる。

肉だねに豆腐や豆板醤を混ぜて、しっとり＆ピリ辛味に。一口サイズで食べやすく。

韓国風ミニハンバーグ

材料　4人分

豚ひき肉……………300g
もめん豆腐…………½丁（200g）
　長ねぎのみじん切り
　　……………1½本分
　しょうがのみじん切り
　　……………大さじ1
　にんにくのみじん切り
　　……………小さじ1弱
　白いりごま………大さじ4
A　酒…………………大さじ1
　しょうゆ…………大さじ1
　豆板醤……………小さじ1
　片栗粉……………小さじ2
ごま油………………大さじ½
練りがらし、しょうゆ
　……………各適量

作り方

1 豆腐はふきんに包んでまな板にはさみ、約1時間おいて、水きりする。
2 ボウルに豚肉と**A**の材料を入れて、よく混ぜる。
3 **1**の豆腐をちぎりながら加えて、さらによく混ぜる。
4 フライパンにごま油を熱し、**3**を好みの大きさに丸めて少しつぶして入れ、両面をこんがりと焼く。からしじょうゆをつけて食べる。

しっかり水きりした豆腐を肉だねに混ぜる。

これを食べると元気が出ることから命名。ご飯もお酒もすすみます。

ハッスルたらこ

材料（作りやすい分量）

生たらこ……………1腹
あさつき……………4～5本
おろしにんにく……小さじ½
しょうゆ……………小さじ1

作り方

1 おろしにんにくとしょうゆを混ぜる。

2 たらこは4～5等分に切り、あさつきは小口切りにする。

3 たらこの切り口を上にして器に盛り、**1**をかけ、あさつきをのせる。

和食の嶺岡豆腐をヒントに、何回も試作を繰り返して作った配合です。

ミルク豆腐

材料（12×14×高さ4㎝の流し缶1台分）

牛乳……………1カップ
だし汁…………1カップ
くず粉…………50g
生クリーム……1カップ
塩………………小さじ½
A ┌だし汁………大さじ1½
　 └白だし………小さじ1½
おろしわさび…少々
あさつきの小口切り
……………………少々

くず粉
マメ科の植物、くず（葛）の根からとるでんぷん。混じりけのない100%のものは本くずと呼び、希少。なめらかで口当たりがよい。

作り方

1 鍋にくず粉、牛乳、だし汁を入れ、くず粉が溶けるまで混ぜる。中火にかけ、ゆっくりと混ぜる。とろみがついてきたら弱火にし、生クリームを少しずつ加え、なめらかになるまで混ぜる。塩を加えて混ぜ、火からおろす。

2 流し缶を水でぬらし、**1**を流し入れて表面を平らにし、冷めたら、冷蔵室で冷やし固める。

3 **2**を流し缶から取り出し、食べやすい大きさに切り分ける。器に盛り、おろしわさびとあさつきをのせ、**A**の材料を混ぜてかける。

＊残ったものは、保存容器に入れて冷蔵室で約5日間保存可能。

ご飯と汁とご飯の供

飲んだあとの締めに用意しているご飯セットは、白いご飯とお味噌汁、それに漬けものを合わせた、ごくシンプルなものです。食べやすいと好評なのが俵形の一口おむすび（117ページ）です。飲んだあとなので、1個35gぐらいにし、塩はしっかりめにしています。パロルでは木製の俵形の押し型で作っていますが、おむすびを小さく握ってもよいでしょう。私は塩むすびより、ご飯が見えなくなるくらい海苔をつけたものが好みなので、お店でも海苔を巻いてお出ししています。

つき出しのスープは一番だしを使いますが、お味噌汁は一番だしをとったあとの昆布と削りがつおで二番だしをとり、煮干しを加えて作ります。

ぬか漬けのぬか床は、もう20年近く使い続けているでしょうか。ぬか漬けをおいしくするコツはとにかくよく混ぜること。これにつきます。

三角おむすび

材料 2個分

ご飯（温かいもの）…… 200g
塩…………………… 適量
焼き海苔………… 適量

作り方

1 指に水をつけて、両手のひらをこすりつけて全体に広げる。

2 人差し指、中指、薬指の3本の指先に塩をつけ、手のひらにとって広げ、両手のひらをこすり合わせる。

3 ご飯半量を手にとり、軽く握って塩をまぶし、転がすようにしながら三角形になるように握り、焼き海苔を巻く。残りも同様に作る。

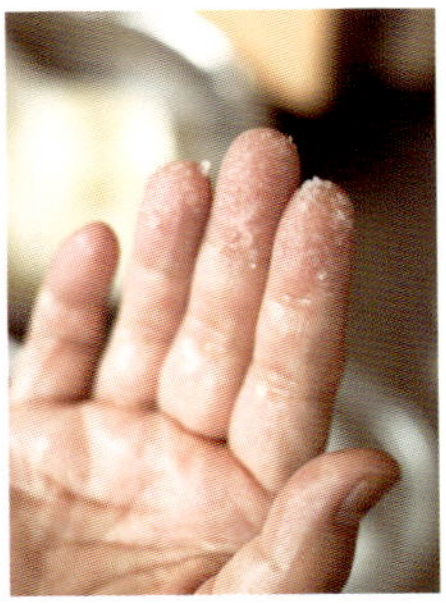
指についた塩を手のひらに広げる。

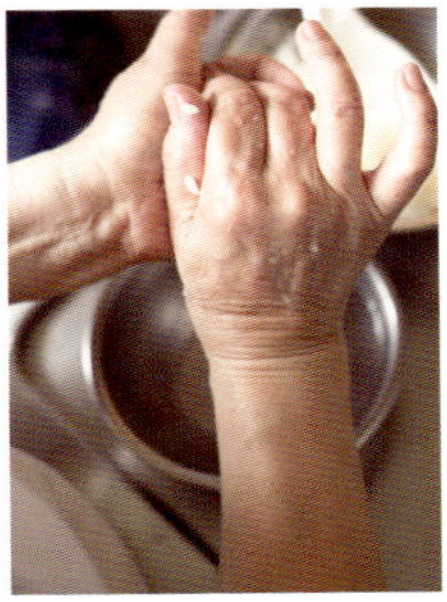
手を山形にして、三角にむすぶ。

形はお好みで。具は入れず、海苔はたっぷりと。

俵形は１個 35g のご飯で作る。

昆布のつくだ煮

材料 作りやすい分量

だし汁をとった昆布（11ページ参照）……２枚

A
- 水……½カップ
- 白だし……大さじ４
- しょうゆ……大さじ１

実ざんしょうの水煮……大さじ３

作り方

1 昆布は５cm長さの細切りにする。

2 鍋にAの材料と1の昆布を入れ、弱火で約10分ゆっくり煮る。実ざんしょうを加えて、さっと煮る。

＊冷めたら、保存容器に入れ、冷蔵室で約７日保存可能。

だし汁をとったあとの昆布を再利用。実ざんしょうを加えて香りよく。

味噌汁

味噌汁のだし汁

材料　4人分

一番だしをとった昆布と
削りがつお（11ページ参照）……全量
煮干し……7〜8尾
水……5カップ

作り方

1 煮干しは頭と腹わたを除く。
2 鍋にすべての材料を入れて中火にかけ、煮立ったら火を止める。
3 ざるでこし、そのまま冷ます。

わかめと長ねぎは煮込まずに、風味と食感を生かします。

わかめとねぎの味噌汁

材料　4人分

味噌汁のだし汁……4カップ
味噌……大さじ2½
わかめ（塩蔵）……30g
長ねぎ……⅓本

作り方

1 わかめは塩を洗い、水にしばらくつけてもどし、水けを絞ってざく切りにする。長ねぎは小口切りにする。
2 鍋にだし汁を煮立て、味噌を溶き入れ、煮立つ直前に火を止める。
3 器にわかめと長ねぎを入れ、**2**を注ぐ。

なすは炒めて旨味をアップ。みょうがの香りを添えて。

炒めなすの味噌汁

材料　４人分

味噌汁のだし汁……　４カップ
味噌……………　大さじ２½
なす……………　２個
みょうが…………　１個
油…………………　大さじ１

作り方

1 みょうがは縦にせん切りにする。なすはヘタを切り落とし、縦半分に切り、１㎝幅に切る。

2 鍋に油を熱して**1**のなすの色が変わらないうちにさっと炒め、だし汁を注ぐ。なすに火が通ったら味噌を溶き入れ、煮立つ直前に火を止める。

3 器に盛り、みょうがをのせる。

漬けもの

毎日混ぜて、季節の野菜を一年中楽しみたい。

ぬか床の扱い方

ぬか床は持っている方から分けてもらうか、市販の無添加のぬか床を使うといいでしょう。ぬか床を上手にキープするコツですが、私は発酵を促すために、昆布や赤とうがらしの他に、ときどきビールを¼カップほど加えてよく混ぜます。野菜から水分が出て水っぽくなったときは、水抜きをします。

漬けるときは、なすときゅうりは丸のまま、粗塩をすり込んで漬けます。にんじんと大根は縦半分に切ったものを漬けます。この他にも、セロリ、ゴーヤー、うりなど、季節ごとに旬の野菜を漬けます。

漬ける時間は、季節やぬか床の状態によっても異なるので、様子をみながら好みの加減に漬けてください。

漬かりすぎたぬか漬けで作る、とっておきのご飯のお供。

古漬けの炒めもの

材料　作りやすい分量

古漬け
（好みのもの。ここでは大根、にんじん、ゴーヤー）
……………200g
しょうが……………1かけ
しょうゆ……………少々
ごま油……………小さじ1½

作り方

1 古漬けは細切りにする。水に3～4分つけて塩抜きし、水けを絞る。
2 しょうがはせん切りにする。
3 フライパンにごま油を熱し、**2**を炒め、香りが出たら**1**を加えて炒め、しょうゆを加えてさっと炒める。

古漬けは水につけて、塩抜きする。

白いりごまが、くん製の香りをやさしく包みます。

いぶりがっこのごまあえ

材料 作りやすい分量

いぶりがっこ（市販）……30g
白いりごま……大さじ1

作り方

1 いぶりがっこは薄切りにする。
2 ボウルに**1**を入れ、白いりごまを加えてあえる。

いぶりがっこ
大根が凍るのを防ぐため、いぶしてから米ぬかで漬けた秋田の伝統的な漬けもの。「がっこ」は秋田の方言で、漬けもののこと。

すぐに食べてもよいが、味がなじむとさらにおいしい。

即席漬け

材料　作りやすい分量

きゅうり……1本
キャベツ……3枚
長ねぎ……1本
しょうが……1かけ
赤とうがらし……½本
A
しょうゆ……大さじ2
ごま油……大さじ1

作り方

1 きゅうりはまな板の上で、めん棒などでたたいて割る。キャベツは食べやすい大きさにちぎる。長ねぎは斜め5㎜幅に切る。しょうがはせん切りにする。赤とうがらしは種を除き、小口切りにする。

2 ボウルに**A**の材料を合わせ、**1**を加えてよく混ぜ、約40分漬ける。

基本の食材と調味料

パロルで普段使っている、基本の食材と調味料をご紹介します。あまり浮気はせずに、信頼のおけるものを長く使っています。

仕上げの塩をひとつまみ入れるか、入れないか、薬味に何を選ぶかなど、料理は感性が大事です。調味料も自分の舌にしっくりくるものを選ぶとよいでしょう。

だし昆布、削りがつお

だしをとるのに使う昆布は、利尻昆布を使っています。肉厚でやや高価ですが、二番だしまでとり、最後は昆布のつくだ煮（117ページ）にして、使い切っています。削りがつおは、血合い抜きの薄削りを選んでいます。雑味が少なく、上品なだしがとれます。

白だし

最近はスーパーなどでもいろいろなタイプが市販されていますが、パロルで使っているのは、「会津 白だし」で、福島県の会社から取り寄せています。原料は、うす口しょうゆ、かつお節、みりん、昆布、しいたけ、はもエキスなど。旨味があり、甘みが少ないのが私好みです。商品によって味や旨味に差があるので、あまり安価なものは避け、好みのものを見つけてください。本書のレシピを目安にして、使う分量を調整してください。

「会津 白だし」 山家屋商店
福島県会津若松市材木町 1-8-13
☎ 0242-27-0501

しょうゆ、酢

自分の舌になじんでいる「ヤマサ」のしょうゆを使っています。酢は、京都の村山造酢の「千鳥酢」が酸味がマイルドなので使いやすいです。酸味に弱いお客様から、「パロルの酢のものはすっぱくないから食べやすい」といわれることも。

油

ごま油は、焙煎した香りのいい褐色のごま油と、焙煎せずに搾った透明な太白ごま油を、料理によって使い分けています。ドレッシングや炒めものに使っているのは、紅花油。オリーブ油は、ギリシャのレスボス島で農薬を使わずに育てたオリーブをコールドプレスしたエキストラバージンオリーブ油が気に入っています。

「L&KO オーガニックエキストラヴァージンオリーブオイル」
関口ベーカリー
mailto:olive@sekiguchibakery.com

塩

天日塩とにがりを原料とした旨味のある、粗塩「赤穂の天塩」と、昆布としいたけの旨味を塩の中に凝縮した旨塩「ろく助塩」を、料理によって使い分けています。白身魚のカルパッチョ（80ページ）のように淡泊な素材で、旨味を強調したいときに「ろく助塩」を使います。

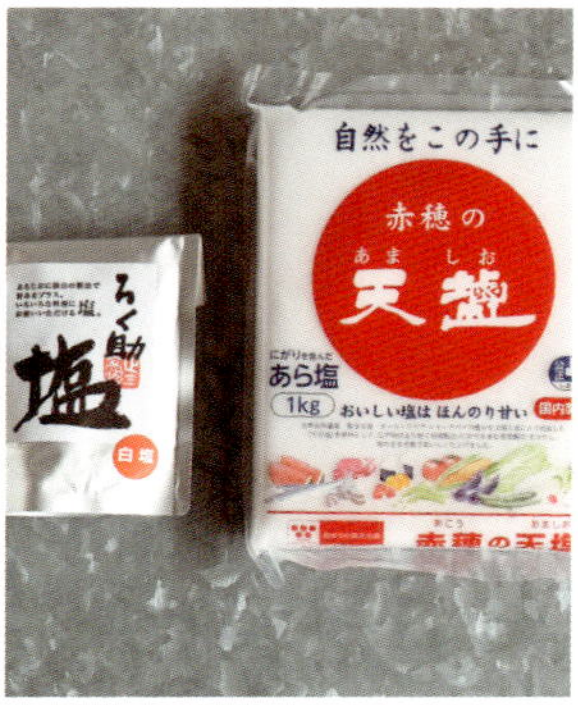

「ろく助塩」　ろく助本舗
https://www.rokusuke-honpo.com/index.htm

中濃ソース

ハッカク、チョウジ、ウコンなどのスパイスがブレンドされた、コクのある薬膳ソースを取り寄せています。キャベツとんかつ（56ページ）にかけているのも、このソースです。

「薬膳ソース」三留商店
http://mitome-kamakura.shop-pro.jp/

おわりに

南青山のパロルは、今から6年前に友人のアミさんと開店しましたが、3年くらいは本当に大変でした。ようやく軌道にのり、うまくまわるようになったころ、アミさんが店を離れることに。娘や妹、お嫁さんに助けられながら1年が経とうとしています。

パロルを再開するときに背中を押してくれたアミさんやスタッフをはじめ、パロルに足を運んでくださるお客様など、多くの方に支えられてこれまで続けてこられたことに感謝しています。

この本を多くの皆様が手に取り、料理を作ってくださることが一番の喜びです。

おいしいものがあるところには人の輪ができることを、これまで経験してきました。皆様も手作りの料理でテーブルを囲んで素敵な輪を作ってください。

2019年秋　桜井莞子

桜井莞子
(さくらい えみこ)

東京・南青山にある「のみや PAROLE」の店主。デザイン事務所勤務後、結婚、出産。2児の母となる。ケータリング会社の経営を経て、西麻布に「ごはんや PAROLE」をオープンし、評判に。還暦を機に引退を決意。悠々自適な暮らしを楽しみつつ、料理教室をはじめる。2014年、71歳で一念発起して「のみや PAROLE」を開店する。

のみや PAROLE
東京都港区南青山 2-22-14 フォンテ青山 101

料理・スタイリング　PAROLE（桜井莞子、原百合子、桜井矣子、森田海音子、黒田結衣、津田麻利江）
ブックデザイン　ナカムラグラフ（中村圭介、野澤香枝、平田賞）
撮影　邑口京一郎
校正　田中美穂
編集　内田加寿子

食通《しょくつう》が足《あし》しげく通《かよ》う店《みせ》
PAROLE《ぱろる》のおかず帖《ちょう》

2019年11月20日　初版発行

著者　桜井《さくらい》 莞子《えみこ》
発行者　川金 正法
発行　株式会社KADOKAWA
〒102-8177　東京都千代田区富士見 2-13-3
電話 0570-002-301（ナビダイヤル）

印刷所　凸版印刷株式会社

本書の無断複製（コピー、スキャン、デジタル化等）並びに
無断複製物の譲渡及び配信は、著作権法上での例外を除き禁じられています。
また、本書を代行業者などの第三者に依頼して複製する行為は、
たとえ個人や家庭内での利用であっても一切認められておりません。

●お問い合わせ
https://www.kadokawa.co.jp/（「お問い合わせ」へお進みください）
※内容によっては、お答えできない場合があります。
※サポートは日本国内のみとさせていただきます。
※ Japanese text only

定価はカバーに表示してあります。

©Emiko Sakurai 2019　Printed in Japan

ISBN 978-4-04-896599-6 C0077